L'AGENDA
DU
JET SET

Jean-Loup Chiflet

L'AGENDA
DU
JET SET

Collection
« Le sens de l'humour »

le cherche midi éditeur
23, rue du Cherche-Midi 75006 Paris

Edition originale

MEMENTO PERSONNEL

Nom :	Prénom :
Adresse :	Tél. :

COMPTES EN BANQUE

Pays :	Banque :	N° :
Pays	Banque :	N° :
Pays	Banque :	N° :
Pays	Banque :	N° :
Pays	Banque :	N° :

COFFRES EN BANQUE

Pays :	Banque :	N° :
Pays	Banque :	N° :
Pays	Banque :	N° :
Pays	Banque :	N° :
Pays	Banque :	N° :

TÉLÉPHONES UTILES

Hélicoptère :	Sous-marin :
1er avion :	2e avion :
1re maison de campagne : 2e maison de campagne :	3e maison de campagne : 4e maison de campagne :
Carte orange :	N° :
Sécurité sociale :	N° :

EN CAS D'URGENCE

Banquier de famille :

Agent de change de famille :

Notaire de famille :

GROUPE SANGUIN

Chresus :

FÊTES A SOUHAITER

A

Achille	12 Mai
Abraham	20 Décembre
Adèle	24 Décembre
Adeline	20 Octobre
Adelphe	11 Septembre
Agathe	5 Février
Agnès	21 Janvier
Aimé	13 Septembre
Aimée	20 Février
Alain	9 Septembre
Alban	22 Juin
Albert	15 Novembre
Alexandre	22 Avril
Alexis	17 Février
Alice	16 Décembre
Alida	26 Avril
Aline	20 Octobre
Alix	9 Janvier
Alfred	12 Octobre
Alphonse	1er Août
Amandine	9 Juillet
Ambroise	7 Décembre
Amédée	30 Mars
Amélie	19 Septembre
Amour	9 Août
André	30 Novembre
Angèle	27 Janvier
Anne	26 Juillet
Anselme	21 Avril
Anthelme	26 Juin
Antoine	13 Juin
Apolline	9 Février
Apollinaire	12 Septembre
Aristide	31 Août
Armand	23 Décembre
Armel	16 Août
Arnaud	10 Février
Arsène	19 Juillet
Aubin	1er Mars
Aude	18 Novembre
Audrey	23 Juin
Augusta	24 Novembre
Augustin	28 Août
Aymar	29 Mai

B

Barbara	4 Décembre
Barnabé	11 Juin
Barnard	23 Janvier
Barthélémy	24 Août
Basile	2 Janvier
Baudouin	17 Octobre
Béatrice	13 Février
Bénédicte	16 Mars
Benjamin	31 Mars
Benoît	11 Juillet
Béranger	26 Mai
Bernadette	18 Février
Bernardin	20 Mai
Bernard	20 Août
Bertille	6 Novembre
Bertrand	6 Septembre
Bienvenue	30 Octobre
Blaise	3 Février
Blandine	2 Juin
Boris	2 Mai
Brice	13 Novembre
Brigitte	23 Juillet
Bruno	6 Octobre

C

Carine	7 Novembre
Caroline	17 Juillet
Casimir	4 Mars
Catherine	25 Novembre
Cécile	22 Novembre
Céline	21 Octobre
Chantal	12 Décembre
Charles	4 Novembre
Charlotte	17 Juillet
Christian	12 Novembre
Christine	24 Juillet
Christophe	21 Août
Claire	11 Août
Clarisse	12 Août
Claude	15 Février
Clémence	21 Mars
Clément	23 Novembre
Clotilde	4 Juin
Colette	6 Mars
Côme	26 Septembre
Constant	23 Septembre
Constantin	21 Mai
Cyrille	18 Mars

D

Daniel	11 Décembre
David	29 Décembre
Davy	20 Septembre
Delphine	26 Novembre
Denis	9 Octobre
Denise	15 Mai
Diane	9 Juin
Didier	23 Mai
Dimitri	26 Octobre
Dominique	8 Août
Donald	15 Juillet
Donatien	24 Mai

E

Edith	16 Septembre
Edmond	20 Novembre
Edouard	5 Janvier
Edwige	16 Octobre
Elisabeth	17 Novembre
Elisée	14 Juin
Ella	1er Février
Elodie	22 Octobre
Emeline	27 Octobre
Emile	22 Mai
Emilie	19 Septembre
Emma	19 Avril
Enguerran	25 Octobre
Eric	18 Mai
Estelle	11 Mai
Etienne	26 Décembre
Eugénie	7 Février
Evrard	14 Août

F

Fabienne	20 Janvier
Fabrice	22 Août
Félicité	7 Mars
Félix	12 Février
Ferdinand	30 Mai
Fernand	27 Juin
Fidèle	24 Avril
Fiacre	30 Août
Firmin	11 Octobre
Flavien	18 Février
Fleur	5 Octobre
Flora	24 Novembre
Florence	1er Décembre
Florent	4 Juillet
Florentin	24 Octobre
François d'Ass.	4 Octobre
François de Sal.	24 Janvier
François-Xavier	3 Décembre
Françoise	9 Mars
Frédéric	18 Juillet
Fulbert	10 Avril

G

Gabin	19 Février
Gabriel	29 Septembre
Gaël	17 Décembre
Gaétan	7 Août
Gaston	6 Février
Gatien	18 Décembre
Gautier	9 Avril
Gélase	21 Novembre
Geneviève	3 Janvier
Geoffroy	8 Novembre
Georges	23 Avril
Gérald	5 Décembre
Gérard	3 Octobre
Géraud	13 Octobre
Germain	28 Mai
Germaine	15 Juin
Ghislain	10 Octobre
Gilbert	7 Juin
Gildas	29 Janvier
Gilles	1er Septembre
Gisèle	7 Mai
Gontran	28 Mars
Grégoire	3 Septembre
Guennolé	3 Mars
Guillaume	10 Janvier
Guy	12 Juin
Gladys	29 Mars

H

Habib	27 Mars
Hélène	18 Août
Henri	13 Juillet
Herbert	20 Mars
Hermann	25 Septembre
Hervé	17 Juin
Hippolyte	13 Août
Honoré	16 Mai
Honorine	27 Février
Hubert	3 Novembre
Hugues	1er Avril
Hyacinthe	17 Août

I

Ida	13 Avril
Ignace	31 Juillet
Igor	5 Juin
Inès	10 Septembre
Ingrid	2 Septembre
Irène	5 Avril

FÊTES A SOUHAITER

Irénée	28 Juin
Isabelle	22 Février
Isidore	4 Avril

J

Jacqueline	8 Février
Jacques	25 Juillet
Jean, apôtre	27 Décembre
Jean-Baptiste	24 Juin
Jérôme	30 Septembre
Joël	13 Juillet
Joseph	19 Mars
Judicaël	17 Décembre
Judith	5 Mai
Jules	12 Avril
Julie	8 Avril
Julien	2 Août
Julienne	16 Février
Juliette	30 Juillet
Juste	14 Octobre
Justin	1er Juin
Justine	12 Mars

K

Kévin	3 Juin

L

Larissa	26 Mars
Laurent	10 Août
Lazare	23 Février
Léa	22 Mars
Léger	2 Octobre
Léon	10 Novembre
Léonce	18 Juin
Lionel	10 Novembre
Louis	25 Août
Louise	15 Mars
Luc	18 Octobre
Lucie	13 Décembre
Lucien	8 Janvier
Lydie	3 Août

M

Marc	25 Avril
Marcel	16 Janvier
Marcelle	31 Janvier
Marcellin	6 Avril
Marguerite	16 Novembre
Marie	15 Août
Marie-Madel.	22 Juillet
Mariette	6 Juillet
Marina	20 Juillet
Marius	19 Janvier
Marthe	29 Juillet
Martial	30 Juin
Martine	30 Janvier
Martin	11 Novembre
Martinien	2 Juillet
Mathias	14 Mai
Matthieu	21 Septembre
Mathilde	14 Mars
Maurice	22 Septembre
Maxime	14 Avril
Médard	8 Juin
Mélanie	6 Janvier
Michel	29 Septembre
Modeste	24 Février
Monique	27 Août

N

Nadège	18 Septembre
Narcisse	29 Octobre
Natacha	26 Août
Nathalie	27 Juillet
Nestor	26 Février
Nicolas/Nicole	6 Décembre
Nina	14 Janvier
Ninon	15 Décembre
Norbert	6 Juin

O

Odette	20 Avril
Odile	14 Décembre
Olive	5 Mars
Olivier	12 Juillet
Oswald	15 Août

P

Pacôme	9 Mai
Pascal	17 Mai
Patrice	17 Mars
Paul	25 Janvier
Paul	19 Juin
Paule	26 Janvier
Parfait	18 Avril
Paulin	11 Janvier
Peggy	8 Janvier
Pélagie	8 Octobre
Philippe	3 Mai
Pierre	29 Juin
Prisca	18 Janvier
Prosper	25 Juin
Prudence	6 Mai

R

Raïssa	5 Septembre
Raoul	7 Juillet
Raphaël	29 Septembre
Raymond	7 Janvier
Reine	7 Septembre
Rémi	15 Janvier
Renaud	17 Septembre
René	19 Octobre
Richard	3 Avril
Robert	30 Avril
Rodolphe	21 Juin
Rodrigue	13 Mars
Roger	30 Décembre
Roland	15 Septembre
Rolande	13 Mai
Romain	28 Février
Romaric	10 Décembre
Roméo	25 Février
Romuald	19 Juin
Rosalie	4 Septembre
Rose	23 Août
Roseline	17 Janvier
Rosine	11 Mars

S

Sabine	29 Août
Salomé	21 Octobre
Samson	28 Juillet
Saturnin	29 Novembre
Sébastien	20 Janvier
Serge	7 Octobre
Séverin	27 Novembre
Sidonie	14 Novembre
Silvère	20 Juin
Simon	28 Octobre
Solange	10 Mai
Sophie	25 Mai
Stanislas	11 Avril
Stéphane	26 Décembre
Sylvain	4 Mai
Sylvestre	31 Décembre
Sylvie	5 Novembre

T

Tanguy	19 Novembre
Tatiana	12 Janvier
Thècle	24 Septembre
Théodore	9 Novembre
Thérèse	15 Octobre
Thibaut	8 Juillet
Thierry	1er Juillet
Thomas	3 Juillet

U

Urbain	19 Décembre
Ulrich	10 Juillet

V

Valentin	14 Février
Valérie	28 Avril
Véronique	4 Février
Victor	21 Juillet
Victorien	23 Mars
Vincent	22 Janvier
Viviane	2 Décembre
Vivien	10 Mars

W

Wenceslas	28 Septembre
Wilfried	12 Octobre
Wolfgang	31 Octobre

X

Xavier	3 Décembre

Y

Yolande	16 Juin
Yves	19 Mai
Yvette	13 Janvier
Yvonne	19 Mai

Z

Zita	27 Avril

DÉPARTEMENTS

	AIN	01
50	Bellegarde-sur-Valserine	01
79	Belley	01
50	Gex	01
74	Autres groupements	01
23	AISNE	02
70	ALLIER	03
92	ALPES-DE-HTE-PROVENCE	04
92	ALPES (HAUTES)	05
93	ALPES-MARITIMES	06
75	ARDÈCHE	07
24	ARDENNES	08
61	ARIÈGE	09
25	AUBE	10
68	AUDE	11
65	AVEYRON	12
	BOUCHES-DU-RHÔNE	13
90	Arles-sur-Rhône	13
90	Châteaurenard	13
91	Marseille	13
90	Miramas	13
90	St-Rémy-de-Provence	13
90	Salon-de-Provence	13
90	Tarascon	13
42	Autres groupements	13
31	CALVADOS	14
71	CANTAL	15
45	CHARENTE	16
46	CHARENTE-MARITIME	17
48	CHER	18
55	CORRÈZE	19
95	CORSE	20
80	CÔTE-D'OR	21
96	CÔTE-D'ARMOR	22
55	CREUSE	23
53	DORDOGNE	24
81	DOUBS	25
75	DRÔME	26
6	ESSONNE	91
32	EURE	27
37	EURE-ET-LOIRE	28
98	FINISTÈRE	29
66	GARD	30
61	GARONNE (HAUTE)	31
62	GERS	32
56	GIRONDE	33
4	HAUTS-DE-SEINE	92
67	HÉRAULT	34
99	ILLE-ET-VILAINE	35
54	INDRE	36
47	INDRE-ET-LOIRE	37

DÉPARTEMENTS

	ISÈRE	38
74	Bourgoin	38
74	Côte-St-André (La)	38
74	Morestel	38
74	Péage-de-Roussillon (Le)	38
74	Tour-du-Pin (La)	38
74	Vienne	38
76	Autres groupements	38
84	JURA	39
58	LANDES	40
54	LOIR-ET-CHER	41
77	LOIRE	42
71	LOIRE (HAUTE)	43
40	LOIRE-ATLANTIQUE	44
38	LOIRET	45
65	LOT	46
53	LOT-ET-GARONNE	47
66	LOZÈRE	48
41	MAINE-ET-LOIRE	49
33	MANCHE	50
26	MARNE	51
25	MARNE (HAUTE)	52
43	MAYENNE	53
8	MEURTHE-ET-MOSELLE	54
29	MEUSE	55
97	MORBIHAN	56
8	MOSELLE	57
86	NIÈVRE	58
	NORD	59
20	Armentières	59
28	Dunkerque	59
28	Hazebrouck	59
20	Lille	59
20	Orchies	59
27	Autres groupements	59
4	OISE	60
33	ORNE	61
21	PAS-DE-CALAIS	62
73	PUY-DE-DÔME	63
59	PYRÉNÉES-ATLANTIQUES	64
62	PYRÉNÉES (HAUTES)	65
68	PYRÉNÉES-ORIENTALES	66
88	RHIN (BAS)	67
89	RHIN (HAUT)	68
	RHÔNE	69
7	Lyon	69
74	Autres groupements	69
84	SAÔNE (HAUTE)	70
85	SAÔNE-ET-LOIRE	71
43	SARTHE	72
79	SAVOIE	73

DÉPARTEMENTS

50	SAVOIE (HAUTE)	74
4	SEINE	75
35	SEINE-MARITIME	76
6	SEINE-ET-MARNE	77
4	SEINE-ST-DENIS	93
49	SÈVRES (DEUX)	79
22	SOMME	80
63	TARN	81
63	TARN-ET-GARONNE	82
84	TERRITOIRE DE BELFORT	90
4	VAL-DE-MARNE	94
3	VAL-D'OISE	95
94	VAR	83
90	VAUCLUSE	84
51	VENDÉE	85
49	VIENNE	86
55	VIENNE (HAUTE)	87
29	VOSGES	88
86	YONNE	89
3	YVELINES	78

DÉPARTEMENTS d'O.-M.

19	590 Guadeloupe (– 5 h)	971
19	596 Martinique (– 5 h)	972
19	594 Guyane (– 4 h)	973
19	262 Réunion (+ 3 h)	974
19	508 St-P.-et-M. (– 4,30 h)	975
19	269 Mayotte (+ 2 h)	976

TERRITOIRES d'O.-M.

19	687 Nlle-Caléd. (+ 10h)
19	689 Polynésie franç. (– 11h)

DEPUIS L'ILE-DE-FRANCE

16	Andorre : + 628 + 5 chiffres
16	Monaco : + 93 + 6 chiffres

SERVICES SPÉCIAUX

10	Services de la Carte/ Télécommunications
11	Annuaire électronique
12	Renseignements
13	Dérangements
14	Agence commerciale
19	International

RENSEIGNEMENTS UTILES

DEMANDE DE SECOURS	PARIS	PROVINCE
Police Secours	17	
Pompiers	18	
S.O.S. Amitié	42.93.31.31	
E.D.F./G.D.F., n° vert	05.23.04.00	
Centre Antipoison	40.37.04.04	
VOYAGES		
— Avion		
Renseignements :		
• Air Inter	45.39.25.25	
• Air France	45.35.61.61	
— Chemin de fer (S.N.C.F.)		
Renseignements voyageurs toutes gares (8 à 22 h)	45.82.50.50	
RENSEIGNEMENTS DIVERS		
Administratifs	43.46.13.46	
Douaniers	42.60.35.90	
Fiscaux	43.46.13.46	
Postaux	42.80.67.89	
Téléphoniques	12	
Télégrammes téléphonés	36.55	
Informations boursières	42.60.84.00	
Transfusions d'urgence	46.28.18.55	
Pharmacie de nuit/jour	45.62.02.41	
S.O.S. Médecins	43.37.77.77	
	et 47.07.77.77	
S.O.S. Drogue, n° vert	05.05.88.88	
SAMU (Paris uniquement)	45.67.50.50	
TAXIS		
Appel Taxis	49.36.10.10	
	47.39.33.33	
Allô Frêt	46.55.88.80	
Informations parlées	36.65.44.55	
Horloge parlante	36.99	
Météo région parisienne	45.56.71.71	
Météo autres régions	45.56.71.71	
Sécurité Sociale	42.80.63.67	
Objets perdus	45.31.14.80	
Etat des routes	48.94.33.33	
S.V.P.	47.87.11.11	

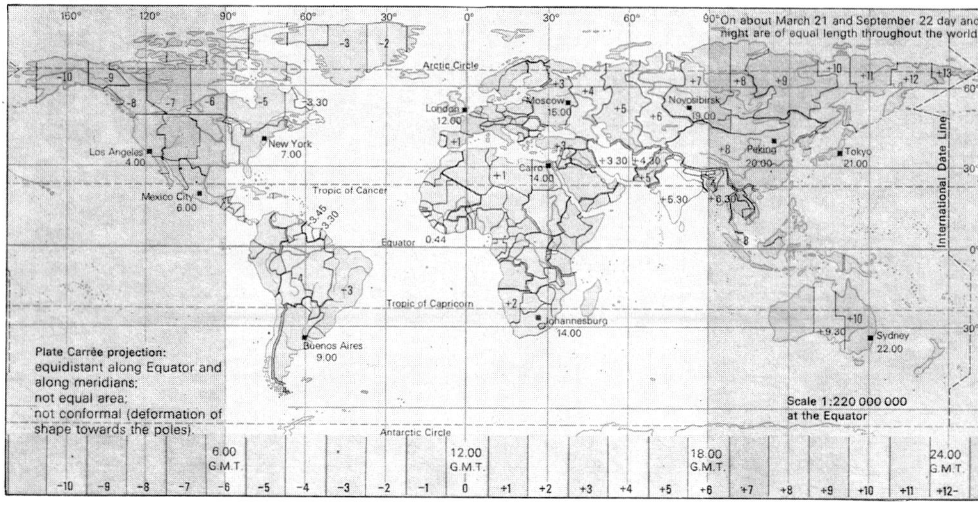

PRÉFIXES D'ACCÈS INTERNATIONAUX A PARTIR D'AUTRES PAYS EN AUTOMATIQUE

• Tonalité après l'indicatif du pays demandé
- Tonalité après le préfixe

		EUROPE
00		ALLEMAGNE (R.F.A.)
00		AUTRICHE
00	-	BELGIQUE
00		CHYPRE
009		DANEMARK
07	-	ESPAGNE
990		FINLANDE
19	-	FRANCE
00		GRÈCE
00	-	HONGRIE
16		IRLANDE
00		ITALIE
00		LUXEMBOURG
095		NORVÈGE
09	-	PAYS-BAS
0		POLOGNE
07		PORTUGAL
010		ROYAUME-UNI
009	•	SUÈDE
00		SUISSE
90		TCHÉCOSLOVAQUIE
99		TURQUIE
99		YOUGOSLAVIE
		EXTRA-EUROPE
00		ALGÉRIE
00		ANTILLES NÉERLAND
00		ARABIE SAOUDITE
00		ARGENTINE
0011		AUSTRALIE
011		BAHAMAS
00		BRÉSIL
00		BURKINA-FASO
00		CAMEROUN
011		CANADA
00		CHINE (Rép. de)
00		COSTA RICA
00	-	CÔTE-D'IVOIRE
00		ÉGYPTE
0		EL SALVADOR
011		ÉTATS-UNIS
00	-	GABON
00		GUATEMALA
011		HAWAII
106		HONG KONG
00		IRAN
00		IRAQ
00		ISRAËL
001		JAPON
00		KENYA
00		KOWEIT
00		LIBAN
00		LIBYE
00		MALI
00	-	MAROC
98		MEXIQUE
00		NIGÉRIA
00		NOUVELLE ZÉLANDE
00		PAKISTAN
00		SÉNÉGAL
005		SINGAPOUR
091		SUD-AFRICAINE (Rép.)
002		TAIWAN
001		THAÏLANDE
00		TUNISIE

TEMPÉRATURES À TRAVERS LE MONDE

	JANV.		FÉVR.		MARS		AVRIL		MAI		JUIN		JUILLET		AOÛT		SEPT.		OCT.		NOV.		DÉC.	
	°C	°F	°C	°F	°C	°F	°C	°F	°C	°F	°C	°F	°C	°F	°C	°F	°C	°F	°C	°F	°C	°F	°C	°F
AMSTERDAM	3	*37*	3	*37*	5	*41*	8	*46*	12	*54*	16	*61*	18	*64*	17	*63*	16	*61*	11	*52*	6	*43*	4	*39*
ATHÈNES	8	*46*	3	*48*	11	*52*	15	*59*	20	*68*	24	*75*	27	*81*	27	*81*	24	*75*	19	*66*	14	*57*	10	*50*
BANGKOK	25	*77*	27	*81*	29	*84*	30	*86*	29	*84*	28	*82*	28	*82*	28	*82*	28	*82*	27	*81*	26	*79*	25	*77*
BERNE	0	*32*	1	*34*	5	*41*	8	*46*	14	*57*	18	*64*	20	*68*	18	*64*	14	*57*	9	*48*	4	*39*	0	*32*
BEYROUTH	14	*57*	14	*57*	16	*61*	18	*64*	22	*72*	24	*75*	27	*81*	28	*82*	26	*79*	24	*75*	19	*66*	16	*61*
BOMBEY	24	*75*	24	*75*	26	*79*	28	*82*	29	*84*	29	*84*	27	*81*	27	*81*	27	*81*	28	*82*	27	*81*	25	*77*
BONN	−1	*30*	0	*32*	4	*39*	7	*45*	13	*55*	15	*59*	18	*64*	17	*63*	14	*57*	9	*48*	4	*39*	1	*34*
BRUXELLES	3	*37*	3	*37*	5	*41*	8	*46*	12	*54*	16	*61*	17	*63*	17	*63*	15	*59*	10	*50*	5	*41*	3	*37*
BUENOS-AIRES	23	*73*	24	*75*	21	*70*	20	*68*	16	*61*	14	*57*	10	*50*	11	*52*	13	*55*	13	*55*	17	*63*	20	*68*
CAMBERRA	21	*70*	21	*70*	20	*68*	18	*64*	15	*59*	12	*54*	12	*54*	13	*55*	15	*59*	17	*63*	19	*66*	21	*70*
CARACAS	18	*64*	18	*64*	19	*66*	21	*70*	22	*72*	21	*70*	20	*68*	20	*68*	20	*68*	21	*70*	20	*68*	19	*66*
COPENHAGUE	1	*34*	0	*32*	2	*36*	6	*43*	11	*52*	15	*59*	17	*63*	16	*61*	13	*55*	8	*46*	3	*37*	2	*36*
DAMAS	5	*41*	5	*41*	11	*52*	17	*63*	19	*66*	24	*75*	25	*77*	26	*79*	24	*75*	17	*63*	12	*54*	6	*43*
HONG KONG	24	*75*	24	*75*	27	*81*	27	*81*	32	*90*	32	*90*	32	*90*	32	*90*	32	*90*	29	*84*	29	*84*	27	*81*
ISTAMBUL	5	*41*	4	*39*	5	*41*	10	*50*	15	*59*	20	*68*	22	*72*	22	*72*	18	*64*	14	*57*	10	*50*	7	*45*
JÉRUSALEM	9	*48*	9	*48*	13	*55*	16	*61*	21	*70*	22	*72*	24	*75*	24	*75*	23	*73*	21	*70*	16	*61*	11	*52*
LE CAIRE	13	*55*	14	*57*	17	*63*	20	*68*	25	*77*	27	*81*	29	*84*	28	*82*	26	*79*	24	*75*	20	*68*	15	*59*
LISBONNE	11	*52*	12	*54*	13	*55*	15	*59*	17	*63*	20	*68*	22	*72*	24	*75*	21	*70*	18	*64*	14	*57*	15	*59*
LONDRES	3	*37*	4	*39*	6	*43*	8	*46*	11	*52*	15	*59*	17	*63*	16	*61*	13	*55*	9	*48*	6	*43*	5	*41*
MADRID	4	*39*	6	*43*	9	*48*	12	*54*	16	*61*	20	*68*	24	*75*	23	*73*	19	*66*	13	*55*	8	*46*	5	*41*
MEXICO	12	*54*	13	*55*	16	*61*	18	*64*	19	*66*	19	*66*	17	*63*	17	*63*	17	*63*	16	*61*	14	*57*	12	*54*
MONTRÉAL	−11	*12*	−11	*12*	−4	*25*	5	*41*	12	*54*	18	*64*	20	*68*	18	*64*	14	*57*	8	*46*	0	*32*	−8	*18*
MOSCOU	−10	*14*	−9	*16*	−4	*25*	5	*41*	12	*54*	17	*63*	19	*66*	17	*63*	11	*52*	4	*39*	−2	*28*	−7	*19*
NAIROBI	19	*66*	19	*66*	19	*66*	19	*66*	18	*64*	16	*61*	16	*61*	16	*61*	18	*64*	19	*66*	18	*64*	18	*64*
NEW YORK	−1	*30*	0	*32*	3	*37*	10	*50*	16	*61*	20	*68*	23	*73*	23	*73*	21	*70*	15	*59*	7	*45*	2	*36*
OSLO	−5	*23*	−4	*25*	−1	*30*	5	*41*	11	*52*	15	*59*	17	*63*	16	*61*	11	*52*	6	*43*	1	*34*	−2	*28*
PARIS	4	*39*	4	*39*	7	*45*	11	*52*	14	*57*	17	*63*	19	*66*	19	*66*	16	*61*	11	*52*	7	*45*	4	*39*
RIO DE JANEIRO	30	*86*	30	*86*	30	*86*	27	*81*	26	*79*	22	*72*	22	*72*	22	*72*	24	*75*	24	*75*	26	*79*	28	*82*
ROME	8	*46*	8	*46*	11	*52*	13	*55*	18	*64*	21	*70*	24	*75*	24	*75*	22	*72*	17	*63*	12	*54*	9	*48*
SAN FRANCISCO	10	*50*	12	*54*	13	*55*	14	*57*	14	*57*	15	*59*	15	*59*	15	*59*	17	*63*	16	*61*	14	*57*	11	*52*
SINGAPOUR	27	*81*	27	*81*	27	*81*	28	*82*	27	*81*	28	*82*	28	*82*	27	*81*	27	*81*	27	*81*	27	*81*	27	*81*
SOFIA	−2	*28*	0	*32*	5	*41*	11	*52*	15	*59*	18	*64*	21	*70*	21	*70*	17	*63*	12	*54*	6	*43*	−1	*30*
STOCKHOLM	−3	*27*	−3	*27*	−1	*30*	3	*37*	9	*48*	13	*55*	17	*63*	15	*59*	11	*52*	6	*43*	2	*36*	−2	*28*
SYDNEY	21	*70*	21	*70*	20	*68*	18	*64*	15	*59*	12	*54*	12	*54*	13	*55*	15	*59*	17	*63*	19	*66*	21	*70*
TOKYO	3	*37*	4	*39*	7	*45*	12	*54*	17	*63*	21	*70*	25	*77*	26	*79*	22	*72*	17	*63*	11	*52*	6	*43*
TUNIS	9	*48*	11	*52*	15	*59*	17	*63*	19	*66*	23	*73*	25	*77*	26	*79*	24	*75*	20	*68*	16	*61*	14	*57*
VIENNE	−1	*30*	1	*34*	4	*41*	9	*48*	14	*57*	17	*63*	19	*66*	18	*64*	15	*59*	9	*48*	4	*39*	1	*34*

Janvier

1	2	3	4
01 — 01	01 — 02	01 — 03	01 — 04
7	7	7	7
8	8	8	8
9	9	9	9
10	10	10	10
11	11	11	11
12	12	12	12
13	13	13	13
14	14	14	14
15	15	15	15
16	16	16	16
17	17	17	17
18	18	18	18
19	19	19	19
20	20	20	20
21	21	21	21

Répondre aux vœux

Bush : fait

Jean Paul II : fait

Portier Plaza : à faire

Chevignon : fait

Estée Lauder : ??

Alain Fuzeau ?? non

5	6	7	NOTES
01 05	01 06	01 07	
7	7	7	
8	8	8	
9	9	9	
10	10	10	
11	11	11	
12	12	12	
13	13	13	
14	14	14	
15	15	15	
16	16	16	
17	17	17	
18	18	18	
19	19	19	
20	20	20	
21	21	21	

Demander au
comptable :

– million
– billion ?
– trillion ?
et après ?

TÉLÉPHONER

ÉCRIRE

VOIR

FAIRE

Janvier

8 (01 · 08)	9 (01 · 09)	10 (01 · 10)	11 (01 · 11)
7	7	7	7
8	8	8	8
9	9	9	9
10	10	10	10
11	11	11	11
12	12	12	12
13	13	13	13
14	14	14	14
15	15	15	15
16	16	16	16
17	17	17	17
18	18	18	18
19	19	19	19
20	20	20	20
21	21	21	21

Les enfants veulent prendre le métro. Demander au secrétariat de faire des réservations en <u>première</u> pour mercredi prochain

12 01 12	13 01 13	14 01 14	NOTES
7	7	7	
8	8	8	
9	9	9	
10	10	10	
11	11	11	
12	12	12	
13	13	13	
14	14	14	
15	15	15	
16	16	16	
17	17	17	
18	18	18	
19	19	19	
20	20	20	
21	21	21	

Penser à remercier
Sinatra d'être venu
chanter pour l'anniversaire
de belle maman —

Faire relier collection
complète VOGUE

TÉLÉPHONER

ÉCRIRE

VOIR

FAIRE

Janvier

15 | 16 | 17 | 18

La salle de gymnastique devient dangereuse –

Pour y faire du vélo sans risques j'exige des feux de signalisation tous les kilomètres –

19	20	21	NOTES
01 19	01 20	01 21	
7	7	7	
8	8	8	
9	9	9	
10	10	10	
11	11	11	
12	12	12	
13	13	13	
14	14	14	
15	15	15	
16	16	16	
17	17	17	
18	18	18	
19	19	19	
20	20	20	
21	21	21	

Voir avec Matignon
s'ils sont d'accord pour
privatiser
la Banque de France

— ... ça pourrait
m'intéresser.

TÉLÉPHONER

ÉCRIRE

VOIR

FAIRE

Je veux bien prêter
le château à Gaumont
pour le Tournage de
" Quo Vadim " mais
je ne veux pas comme
la dernière fois retrouver
des papiers gras
dans le donjon -

Janvier

22	23	24	25
01 22	01 23	01 24	01 25
7	7	7	7
8	8	8	8
9	9	9	9
10	10	10	10
11	11	11	11
12	12	12	12
13	13	13	13
14	14	14	14
15	15	15	15
16	16	16	16
17	17	17	17
18	18	18	18
19	19	19	19
20	20	20	20
21	21	21	21

26 01 26	27 01 27	28 01 28	NOTES
7	7	7	
8	8	8	
9	9	9	
10	10	10	
11	11	11	
12	12	12	
13	13	13	
14	14	14	
15	15	15	
16	16	16	
17	17	17	
18	18	18	
19	19	19	
20	20	20	
21	21	21	

* changer les Renoir du Boeing –
J'ai déjà dit que je ne voulais pas les mêmes toiles plus d'une semaine

TÉLÉPHONER

ÉCRIRE

VOIR

FAIRE

Janvier			Février
29 01 29	**30** 01 30	**31** 01 31	**1** 02 32
7	7	7	7
8	8	8	8
9	9	9	9
10	10	10	10
11	11	11	11
12	12	12	12
13	13	13	13
14	14	14	14
15	15	15	15
16	16	16	16
17	17	17	17
18	18	18	18
19	19	19	19
20	20	20	20
21	21	21	21

Quel Omar ?
Si c'est Sharif, c'est oui
Si c'est Bongo c'est non

Envoyer une couronne
à la veuve Clicquot

2 02 33	3 02 34	4 02 35	NOTES
7	7	7	
8	8	8	
9	9	9	
10	10	10	
11	11	11	
12	12	12	
13	13	13	
14	14	14	
15	15	15	
16	16	16	
17	17	17	
18	18	18	
19	19	19	
20	20	20	
21	21	21	

Renvoyer la Rolls
à Londres pour la faire
lustrer. (Penser à rajouter
une troisième ligne de
téléphone et un deuxième
fax)

Demander au chef
du personnel
de me faire donner
des tickets restaurant
comme tout le monde

TÉLÉPHONER
ÉCRIRE
VOIR
FAIRE

Février

5	6	7	8
02 36	02 37	02 38	02 39

7 8 9 10 11 12 13 14 15 16 17 18 19 20 21

Dire aux bonnes
qu'elles fassent plus
attention aux faux plis
lorsqu'elles repassent
les chaussettes

Leur faire remarquer
aussi qu'il manque encore
un Van Gogh dans la
salle de bains.
Le chapardage doit
cesser

9	10	11	NOTES
02 40	02 41	02 42	
7	7	7	
8	8	8	
9	9	9	
10	10	10	
11	11	11	
12	12	12	
13	13	13	
14	14	14	
15	15	15	
16	16	16	
17	17	17	
18	18	18	
19	19	19	
20	20	20	
21	21	21	

Si les enfants
veulent des coloriages
Téléphoner aux
Gallimard

Encore un dîner raté !
J'avais dit Béjart
et non Bigeard !!

TÉLÉPHONER

ÉCRIRE

VOIR

FAIRE

Février

12	13	14	15
02 43	02 44	02 45	02 46
7	7	7	7
8	8	8	8
9	9	9	9
10	10	10	10
11	11	11	11
12	12	12	12
13	13	13	13
14	14	14	14
15	15	15	15
16	16	16	16
17	17	17	17
18	18	18	18
19	19	19	19
20	20	20	20
21	21	21	21

O.K. Régine
pour carnaval de Rio

les Pigeons ont l'air
malheureux - demander
à Buren de leur faire
des colonnes -

16 02 47	17 02 48	18 02 49	NOTES
7	7	7	
8	8	8	
9	9	9	
10	10	10	
11	11	11	
12	12	12	
13	13	13	
14	14	14	
15	15	15	
16	16	16	
17	17	17	
18	18	18	
19	19	19	
20	20	20	
21	21	21	

Note au comptable

Qu'est ce que c'est que cette histoire de 150.000 F de "Travaux de peinture" ?
De quoi s'agit-il ?

maison ?
voiture ?
épouse ??

x

			TÉLÉPHONER
			ÉCRIRE
			VOIR
			FAIRE

Février

19 02 50	20 02 51	21 02 52	22 02 53
7	7	7	7
8	8	8	8
9	9	9	9
10	10	10	10
11	11	11	11
12	12	12	12
13	13	13	13
14	14	14	14
15	15	15	15
16	16	16	16
17	17	17	17
18	18	18	18
19	19	19	19
20	20	20	20
21	21	21	21

Vendre d'urgence mes actions Honda et Yamaha, Je viens d'entendre qu'à la bourse de Tokyo, l'indice était "niqué"

23 02 54	24 02 55	25 02 56	NOTES
7	7	7	
8	8	8	
9	9	9	
10	10	10	
11	11	11	
12	12	12	
13	13	13	
14	14	14	
15	15	15	
16	16	16	
17	17	17	
18	18	18	
19	19	19	
20	20	20	
21	21	21	

458.784.260 FF

Combien de TVA là-dessus?

Faxer Tapie

le yacht doit être ramené ce week-end au plus tard

TÉLÉPHONER

ÉCRIRE

VOIR

FAIRE

Février

26 02 57	27 02 58	28 02 59	29 02
7	7	7	7
8	8	8	8
9	9	9	9
10	10	10	10
11	11	11	11
12	12	12	12
13	13	13	13
14	14	14	14
15	15	15	15
16	16	16	16
17	17	17	17
18	18	18	18
19	19	19	19
20	20	20	20
21	21	21	21

mettre un nouveau
plongeoir dans la
piscine de la
chambre d'amis

Mars

1 03 61 | 2 03 62 | 3 03 63 | NOTES

Note aux secrétaires

les photocopies sont de plus en plus mauvais ;

A partir de maintenant je ne veux que Harcourt ou Rein

7 8 9 10 11 12 13 14 15 16 17 18 19 20 21

TÉLÉPHONER

ÉCRIRE

VOIR

FAIRE

Mars

4 03 64	5 03 65	6 03 66	7 03 67
7	7	7	7
8	8	8	8
9	9	9	9
10	10	10	10
11	11	11	11
12	12	12	12
13	13	13	13
14	14	14	14
15	15	15	15
16	16	16	16
17	17	17	17
18	18	18	18
19	19	19	19
20	20	20	20
21	21	21	21

Rassurer Bardot –
non les housses de la
Bentley ne sont pas en
peaux de bébés phoques
mais en peaux de visons
adultes.

8 03 68 | **9** 03 69 | **10** 03 70 | **NOTES**

Téléphoner d'urgence à Cabrol pour greffe du foie perroquet.

URGENT

Voir avec la direction du Personnel si les Tickets restaurant qui m'ont été remis sont bons car Maxim's, Lasserre et Taillevent me les ont refusés. Étonnant non ?

TÉLÉPHONER

ÉCRIRE

VOIR

FAIRE

Mars

11	12	13	14
03 71	03 72	03 73	03 74
7	7	7	7
8	8	8	8
9	9	9	9
10	10	10	10
11	11	11	11
12	12	12	12
13	13	13	13
14	14	14	14
15	15	15	15
16	16	16	16
17	17	17	17
18	18	18	18
19	19	19	19
20	20	20	20
21	21	21	21

ortolanburger ?

Foiegrasburger ?

Langousteburger ?

Homarderie ?

Trufferie ?

15 03 75	16 03 76	17 03 77	NOTES
7	7	7	
8	8	8	
9	9	9	
10	10	10	
11	11	11	
12	12	12	
13	13	13	
14	14	14	
15	15	15	
16	16	16	
17	17	17	
18	18	18	
19	19	19	
20	20	20	
21	21	21	

Je ne veux plus que
les enfants jouent avec
les Exocets
Ils vont finir par
se blesser.

TÉLÉPHONER

ÉCRIRE

VOIR

FAIRE

Mars

18 03 78	19 03 79	20 03 80	21 03 81
7	7	7	7
8	8	8	8
9	9	9	9
10	10	10	10
11	11	11	11
12	12	12	12
13	13	13	13
14	14	14	14
15	15	15	15
16	16	16	16
17	17	17	17
18	18	18	18
19	19	19	19
20	20	20	20
21	21	21	21

Si ce n'est pas
Alberto Morabito
qui a écrit "*L'ennui*"
c'est qui, *alors* ?

22 03 82	23 03 83	24 03 84	NOTES
7	7	7	
8	8	8	
9	9	9	
10	10	10	
11	11	11	
12	12	12	
13	13	13	
14	14	14	
15	15	15	
16	16	16	
17	17	17	
18	18	18	
19	19	19	
20	20	20	
21	21	21	

Barbara peut
accompagner sa
Grand-mère à N.York
pour les soldes de
Bloomingdale
mais si c'est en Concorde
choisir la période pleine

TÉLÉPHONER

ÉCRIRE

VOIR

FAIRE

Mars

25 03 85	26 03 86	27 03 87	28 03 88
7	7	7	7
8	8	8	8
9	9	9	9
10	10	10	10
11	11	11	11
12	12	12	12
13	13	13	13
14	14	14	14
15	15	15	15
16	16	16	16
17	17	17	17
18	18	18	18
19	19	19	19
20	20	20	20
21	21	21	21

L'Austin de l'étage
n'a plus de
clignotants

—

* Dire à ~~Fritz~~ Jack Lang
que je suis d'accord pour
financer "Johnny Hallyday on ice"
mais pas la "Marxeillaise"

F.

29	30	31	NOTES
03 89	03 90	03 91	
7	7	7	
8	8	8	
9	9	9	
10	10	10	
11	11	11	
12	12	12	
13	13	13	
14	14	14	
15	15	15	
16	16	16	
17	17	17	
18	18	18	
19	19	19	
20	20	20	
21	21	21	

Anne Sinclair souhaite
m'interviewer dans un
spécial "questions à
domicile"
O.K. mais lequel ?

TÉLÉPHONER

ÉCRIRE

VOIR

FAIRE

Avril

1 04 92	2 04 93	3 04 94	4 04 95
7	7	7	7
8	8	8	8
9	9	9	9
10	10	10	10
11	11	11	11
12	12	12	12
13	13	13	13
14	14	14	14
15	15	15	15
16	16	16	16
17	17	17	17
18	18	18	18
19	19	19	19
20	20	20	20
21	21	21	21

Qui est ce Jack Daniel qui se prétend être un vrai Bourbon ?

Téléphoner à "Point de vue" pour vérifier.

✓

Faire mettre code postal sur liste rouge

5 04 96	6 04 97	7 04 98	NOTES
7	7	7	
8	8	8	
9	9	9	
10	10	10	
11	11	11	
12	12	12	
13	13	13	
14	14	14	
15	15	15	
16	16	16	
17	17	17	
18	18	18	
19	19	19	
20	20	20	
21	21	21	

– Faire huiler le pont-levis

– mettre du chlore dans les douves –

– demander à Niki de Saint Phalle de repasser une couche sur le donjon –

– ne pas oublier non plus que les carpes ne supportent que le pain Poilâne –

TÉLÉPHONER

ÉCRIRE

VOIR

FAIRE

Avril

8	9	10	11
04 99	04 100	04 101	04 102
7	7	7	7
8	8	8	8
9	9	9	9
10	10	10	10
11	11	11	11
12	12	12	12
13	13	13	13
14	14	14	14
15	15	15	15
16	16	16	16
17	17	17	17
18	18	18	18
19	19	19	19
20	20	20	20
21	21	21	21

D'accord pour monter avec Petrossian l'opération "le caviar nouveau est arrivé" mais sa campagne publicitaire "L'esturgeon c'est bon" me paraît de mauvais goût.

12	13	14	NOTES
04 103	04 104	04 105	

7	7	7
8	8	8
9	9	9
10	10	10
11	11	11
12	12	12
13	13	13
14	14	14
15	15	15
16	16	16
17	17	17
18	18	18
19	19	19
20	20	20
21	21	21

Faire donner des cours d'allemand de l'est aux enfants.

Penser à prendre 548.954,28 F dans la caisse noire

TÉLÉPHONER

ÉCRIRE

VOIR

FAIRE

Avril

15 (04, 106)	16 (04, 107)	17 (04, 108)	18 (04, 109)
7	7	7	7
8	8	8	8
9	9	9	9
10	10	10	10
11	11	11	11
12	12	12	12
13	13	13	13
14	14	14	14
15	15	15	15
16	16	16	16
17	17	17	17
18	18	18	18
19	19	19	19
20	20	20	20
21	21	21	21

Les Duvalier
voudraient qu'on leur
présente des amis ...
C'est pas vraiment facile à
moins que Stein puisse
faire quelque chose –

19	20	21	NOTES
04 110	04 111	04 112	

note à la nouvelle
<u>secrétaire</u>

c'est pourtant pas bien difficile de prendre le minitel et de regarder à <u>Nemours</u> pour y trouver ce <u>Dupont</u>.

s'il y en a plusieurs, je veux rencontrer tous les Dupont <u>de</u> Nemours

TÉLÉPHONER

ÉCRIRE

VOIR

FAIRE

Avril

22	23	24	25
04 – 113	04 – 114	04 – 115	04 – 116
7	7	7	7
8	8	8	8
9	9	9	9
10	10	10	10
11	11	11	11
12	12	12	12
13	13	13	13
14	14	14	14
15	15	15	15
16	16	16	16
17	17	17	17
18	18	18	18
19	19	19	19
20	20	20	20
21	21	21	21

Téléphoner à
<u>Breitling</u> pour avoir
l'heure exacte

*

Penser à réassortir la
cave à vins des <u>limousines</u>
(même chose pour la
cave à whisky et
la cave à cognac)

26 04 117	27 04 118	28 04 119	NOTES
7	7	7	
8	8	8	
9	9	9	
10	10	10	
11	11	11	
12	12	12	
13	13	13	
14	14	14	
15	15	15	
16	16	16	
17	17	17	
18	18	18	
19	19	19	
20	20	20	
21	21	21	

Demander à Jean-Paul Gonde
s'il n'aurait pas une
idée marrante pour
le lancement du
prochain satellite
de la Société.

TÉLÉPHONER

ÉCRIRE

VOIR

FAIRE

Avril		Mai	
29 04 120	**30** 04 121	**1** 05 122	**2** 05 123
7	7	7	7
8	8	8	8
9	9	9	9
10	10	10	10
11	11	11	11
12	12	12	12
13	13	13	13
14	14	14	14
15	15	15	15
16	16	16	16
17	17	17	17
18	18	18	18
19	19	19	19
20	20	20	20
21	21	21	21

Acheté IBM 412.5/8

Vendu IBM 412.3/4

Profit 8.542.754,66

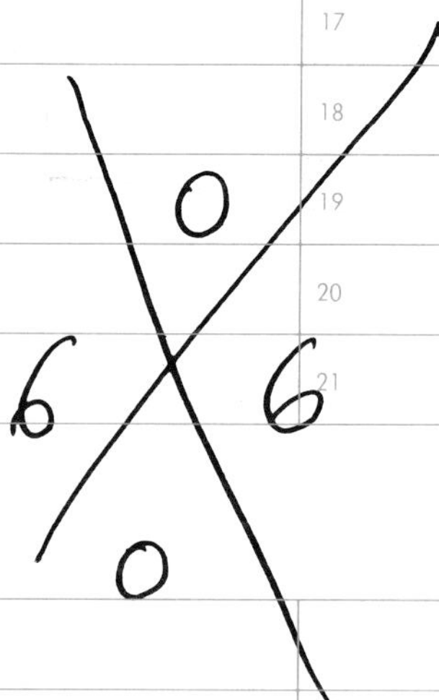

3 05 124	4 05 125	5 05 126	NOTES
7	7	7	
8	8	8	
9	9	9	
10	10	10	
11	11	11	
12	12	12	
13	13	13	
14	14	14	
15	15	15	
16	16	16	
17	17	17	
18	18	18	
19	19	19	
20	20	20	
21	21	21	

Penser à demander à Lendl avant Roland Garros, ce qu'est exactement un "tie break"

TÉLÉPHONER

ÉCRIRE

VOIR

FAIRE

Mai

6 05 127	7 05 128	8 05 129	9 05 130
7	7	7	7
8	8	8	8
9	9	9	9
10	10	10	10
11	11	11	11
12	12	12	12
13	13	13	13
14	14	14	14
15	15	15	15
16	16	16	16
17	17	17	17
18	18	18	18
19	19	19	19
20	20	20	20
21	21	21	21

Les enfants veulent
visiter le <u>zoo</u>
mais où est donc la clef
de cette partie de la maison ?

Paribas veut 25000000000

D'accord, mais en $
marks ?
francs ?

10	11	12	NOTES
131	05 132	05 133	

Commencer leçon chasse au faucon la semaine prochaine.

qu'est ce que c'est que ces soldes chez Tati ?

Tati rive gauche ou Tati rive droite ?

TÉLÉPHONER

ÉCRIRE

VOIR

FAIRE

Mai

13	14	15	16
05 134	05 135	05 136	05 137

Le commandant du yacht devra s'abstenir pendant les exercices de sauvetage, de dire : "Les Ferraris, les femmes et les enfants d'abord"

Je le trouve un peu provocateur.

17 05 138	18 05 139	19 05 140	NOTES
7	7	7	
8	8	8	
9	9	9	
10	10	10	
11	11	11	
12	12	12	
13	13	13	
14	14	14	
15	15	15	
6	16	16	
7	17	17	
8	18	18	
9	19	19	
)	20	20	
	21	21	

Faire changer les poissons du bassin.
Je ne veux plus de requins blancs ni de dauphins

			TÉLÉPHONER
			ÉCRIRE
			VOIR
			FAIRE

Mai

20 05 141	21 05 142	22 05 143	23 05 144
7	7	7	7
8	8	8	8
9	9	9	9
10	10	10	10
11	11	11	11
12	12	12	12
13	13	13	13
14	14	14	14
15	15	15	15
16	16	16	16
17	17	17	17
18	18	18	18
19	19	19	19
20	20	20	20
21	21	21	21

Argent de poche pour les enfants :

J'ai dit le smic et rien d'autre on peut en effet, que je sache, largement vivre avec plus de 5000 francs par jour !

4 145	25 05 146	26 05 147	NOTES
	7	7	
	8	8	
	9	9	
	10	10	
	11	11	
	12	12	
	13	13	
	14	14	
	15	15	
	16	16	
	17	17	
	18	18	
	19	19	
	20	20	
	21	21	

Décommander
Chazot pour le dîner
de demain, on serait
treize à table.

Important
x Refaire discours politique étrangère
x Accélérer cours d'anglais avec
madame Berlitz
x Téléphoner "Points de vue
Images du monde"
pour mariage fille
des gardiens

TÉLÉPHONER

ÉCRIRE

VOIR

FAIRE

Mai

27 05 148	28 05 149	29 05 150	30 05 151
7	7	7	7
8	8	8	8
9	9	9	9
10	10	10	10
11	11	11	11
12	12	12	12
13	13	13	13
14	14	14	14
15	15	15	15
16	16	16	16
17	17	17	17
18	18	18	18
19	19	19	19
20	20	20	20
21	21	21	21

Note au secrétariat :

Si Barclay rappelle et si c'est encore pour un mariage, c'est non

&

où est la Volkswagen du rez de chaussée ?

Juin

31 05 152	1 06 153	2 06 154	NOTES
7	7	7	
8	8	8	
9	9	9	
10	10	10	
11	11	11	
12	12	12	
13	13	13	
14	14	14	
15	15	15	
16	16	16	
17	17	17	
18	18	18	
19	19	19	
20	20	20	
21	21	21	

O.K. pour trekking
chez le Dalaï Lama.
Passer chez Vuitton pour
acheter sacs à dos et
chez Fauchon pour les
conserves.

			TÉLÉPHONER
			ÉCRIRE
			VOIR
			FAIRE

Juin

3 06 155	4 06 156	5 06 157	6 06 158
7	7	7	7
8	8	8	8
9	9	9	9
10	10	10	10
11	11	11	11
12	12	12	12
13	13	13	13
14	14	14	14
15	15	15	15
16	16	16	16
17	17	17	17
18	18	18	18
19	19	19	19
20	20	20	20
21	21	21	21

Les enfants sont de plus en plus mal élevés – leur faire donner des leçons de bonne conduite par Senna ou Prost

7 06 159	8 06 160	9 06 161	NOTES
7	7	7	
8	8	8	
9	9	9	
10	10	10	
11	11	11	
12	12	12	
13	13	13	
14	14	14	
15	15	15	
16	16	16	
17	17	17	
18	18	18	
	19	19	
	20	20	
	21	21	

Idées de livres :

« 101 manières d'accomoder vos restes de truffes »

« Les guides en jet »

« L'Europe à 100000 francs par jour. »

			TÉLÉPHONER
			ÉCRIRE
			VOIR
			FAIRE

Juin

10 06 162	11 06 163	12 06 164	13 06 165
7	7	7	7
8	8	8	8
9	9	9	9
10	10	10	10
11	11	11	11
12	12	12	12
13	13	13	13
14	14	14	14
15	15	15	15
16	16	16	16
17	17	17	17
18	18	18	18
19	19	19	19
20	20	20	20
21	21	21	21

Pour les <u>gnocchis</u>

Téléphone à Agnelli !

Doit-on mettre la sauce Tomate

avant ou après

le parmesan ?

14 06 166	15 06 167	16 06 168	NOTES
7	7	7	
8	8	8	
9	9	9	
10	10	10	
11	11	11	
12	12	12	
13	13	13	
14	14	14	
15	15	15	
16	16	16	
17	17	17	
18	18	18	
19	19	19	
20	20	20	
21	21	21	

Il y a une fuite
dans la baignoire
de la Bentley.
Et alors ?

			TÉLÉPHONER
			ÉCRIRE
			VOIR
			FAIRE

Juin

17 06 169	18 06 170	19 06 171	20 06 172
7	7	7	7
8	8	8	8
9	9	9	9
10	10	10	10
11	11	11	11
12	12	12	12
13	13	13	13
14	14	14	14
15	15	15	15
16	16	16	16
17	17	17	17
18	18	18	18
19	19	19	19
20	20	20	20
21	21	21	21

Téléphoner à Bercy pour les impôts.
De combien ont-ils besoin ?

Jessica et David veulent aller à la campagne ce week-end. D'accord mais laquelle ?

21	22	23	NOTES
06 173	06 174	06 175	
7	7	7	
8	8	8	
9	9	9	
10	10	10	
11	11	11	
12	12	12	
13	13	13	
14	14	14	
15	15	15	
16	16	16	
17	17	17	
18	18	18	
19	19	19	
20	20	20	
21	21	21	

Pas de chirurgie
esthétique pour les
bouledogues de belle-maman
En les achetant, elle savait
pourtant ce qu'elle
faisait !

TÉLÉPHONER

ÉCRIRE

VOIR

FAIRE

Juin

24	25	26	27
06 176	06 177	06 178	06 179

Faire inviter
Hassan II à
Rambouillet –

Penser à changer les orchidées
dans les niches des chiens –
Elles sont fanées –

28 06 180	29 06 181	30 06 182	NOTES
7	7	7	
8	8	8	
9	9	9	
10	10	10	
11	11	11	
12	12	12	
13	13	13	
14	14	14	
15	15	15	
16	16	16	
17	17	17	
18	18	18	
19	19	19	
20	20	20	
21	21	21	

D'accord pour
se procurer des
Canadairs pour éteindre
les barbecues si nécessaire
C'est plus sûr

TÉLÉPHONER

ÉCRIRE

VOIR

FAIRE

Juillet

1 07 183	2 07 184	3 07 185	4 07 186
7	7	7	7
8	8	8	8
9	9	9	9
10	10	10	10
11	11	11	11
12	12	12	12
13	13	13	13
14	14	14	14
15	15	15	15
16	16	16	16
17	17	17	17
18	18	18	18
19	19	19	19
20	20	20	20
21	21	21	21

Je veux bien que Jessica ne porte pas deux fois les mêmes robes mais lorsqu'il s'agit de robe de chambre, quand même !

5 07 187	6 07 188	7 07 189	NOTES

Ouvrir un ~~nouveau compte~~,
une nouvelle
~~banque~~ pour les
enfants.

&

Non le chalet de St Moritz
n'est pas libre ce week end
pour les Fabius. Je l'ai
déjà promis aux Giscard.

TÉLÉPHONER

ÉCRIRE

VOIR

FAIRE

Juillet

8	9	10	11
07 190	07 191	07 192	07 193

7 8 9 10 11 12 13 14 15 16 17 18 19 20 21

S'il y a vraiment une crise du golf(e) !
je me mettrai au polo.

Pour les "Concorde" de la société exiger des remises commerciales et essayer d'en négocier 5 pour le prix de 4.

12	13	14	NOTES
07 194	07 195	07 196	

Note aux cuisines

Pour les méchouis de samedi, je veux de la viande extra

Pourquoi ne pas essayer ces fameux moutons-Rothschild ?

TÉLÉPHONER

ÉCRIRE

VOIR

FAIRE

Juillet

15 07 197	16 07 198	17 07 199	18 07 200
7	7	7	7
8	8	8	8
9	9	9	9
10	10	10	10
11	11	11	11
12	12	12	12
13	13	13	13
14	14	14	14
15	15	15	15
16	16	16	16
17	17	17	17
18	18	18	18
19	19	19	19
20	20	20	20
21	21	21	21

350.000
+ 350.000
+ 350.000

1.050.000

Trois pour 1.000.000 ?

*

19 07 201 | 20 07 202 | 21 07 203 | NOTES

Se renseigner sur cette
race de chevaux miniature
ce serait follement amusant
près des bonzaïs..

Je ne vois pas pourquoi
le nouveau golf du parc
aurait 19 trous.
18 suffisent largement.
Pourquoi voulons ainsi
épater les voisins ?

TÉLÉPHONER

ÉCRIRE

VOIR

FAIRE

Juillet

22 07 204	23 07 205	24 07 206	25 07 207
7	7	7	7
8	8	8	8
9	9	9	9
10	10	10	10
11	11	11	11
12	12	12	12
13	13	13	13
14	14	14	14
15	15	15	15
16	16	16	16
17	17	17	17
18	18	18	18
19	19	19	19
20	20	20	20
21	21	21	21

Pas de problème pour continuer à envoyer des confitures d'Hédiard à Gorby et Raïssa, mais pour l'amour du ciel, qu'ils ne se croient pas obligés de nous envoyer des harengs de la Baltique pour nous remercier.

J

26 07 208	27 07 209	28 07 210	NOTES
7	7	7	
8	8	8	
9	9	9	
10	10	10	
11	11	11	
12	12	12	
13	13	13	
14	14	14	
15	15	15	
16	16	16	
17	17	17	
18	18	18	
19	19	19	
20	20	20	
21	21	21	

Plus d'appels des Reagan

Important :

les nouvelles étiquettes "made in France" arrivent de Corée cette semaine –

TÉLÉPHONER

ÉCRIRE

VOIR

FAIRE

Juillet | | | Août

29 07 211 | 30 07 212 | 31 07 213 | 1 08 214

Pas de weight-watchers pour les juments -

Il n'y a qu'à leur donner moins de foin

Fermer le gymnase du 747 =
Faire de la barre fixe devient trop dangereux dans les trous d'air.

2 08 215	3 08 216	4 08 217	NOTES
7	7	7	
8	8	8	
9	9	9	
10	10	10	
11	11	11	
12	12	12	
13	13	13	
14	14	14	
15	15	15	
16	16	16	
17	17	17	
18	18	18	
19	19	19	
20	20	20	
21	21	21	

Abonnements
à renouveler
- Bolchoï
- Scala
-

Attention à la
chasse à courre
dans les allées du
chateau - Les jardiniers
se plaignent et
ils ont raison

TÉLÉPHONER

ÉCRIRE

VOIR

FAIRE

Août

5 08 218	6 08 219	7 08 220	8 08 221
7	7	7	7
8	8	8	8
9	9	9	9
10	10	10	10
11	11	11	11
12	12	12	12
13	13	13	13
14	14	14	14
15	15	15	15
16	16	16	16
17	17	17	17
18	18	18	18
19	19	19	19
20	20	20	20
21	21	21	21

"Là où il y a du yen,
il y a du plaisir."

Proverbe japonais

- Trouver un gosse pour jouer avec le chien

9	10	11	NOTES
08 222	08 223	08 224	
7	7	7	
8	8	8	
9	9	9	
10	10	10	
11	11	11	
12	12	12	
13	13	13	
14	14	14	
15	15	15	
16	16	16	
17	17	17	
18	18	18	
19	19	19	
20	20	20	
21	21	21	

D'accord pour
" Fast Food "
St Moritz, demander à
Guérard ou à Troisgros
de s'en occuper

TÉLÉPHONER

ÉCRIRE

VOIR

FAIRE

Août

12	13	14	15
08 225	08 226	08 227	08 228
7	7	7	7
8	8	8	8
9	9	9	9
10	10	10	10
11	11	11	11
12	12	12	12
13	13	13	13
14	14	14	14
15	15	15	15
16	16	16	16
17	17	17	17
18	18	18	18
19	19	19	19
20	20	20	20
21	21	21	21

Encore des problèmes avec les voisins. Prendre l'hélicoptère et aller leur parler demain matin.

—

Attendre un peu pour prévenir le conseil de sécurité

—

16 08 229	17 08 230	18 08 231	NOTES
7	7	7	
8	8	8	
9	9	9	
10	10	10	
11	11	11	
12	12	12	
13	13	13	
14	14	14	
15	15	15	
16	16	16	
17	17	17	
18	18	18	
19	19	19	
20	20	20	
21	21	21	

Idées de livres :

" Le guide Gault et Millau du Burkina Fasso "

" Ma valise en croco "

			TÉLÉPHONER
			ÉCRIRE
			VOIR
			FAIRE

Août

19 08 232	20 08 233	21 08 234	22 08 235
7	7	7	7
8	8	8	8
9	9	9	9
10	10	10	10
11	11	11	11
12	12	12	12
13	13	13	13
14	14	14	14
15	15	15	15
16	16	16	16
17	17	17	17
18	18	18	18
19	19	19	19
20	20	20	20
21	21	21	21

ne pas oublier de mettre des pavillons panaméens sur les pédalos du bassin du château.

Mais quelle Liz a téléphoné :

Taylor ou la Reine ?

23	24	25	NOTES
08 236	08 237	08 238	

C'est l'échéance du crédit de la banque aujourd'hui -
Leur faire dire que la somme doit être à la maison à 17 heures au plus tard

TÉLÉPHONER

ÉCRIRE

VOIR

FAIRE

Août

26 08 239	27 08 240	28 08 241	29 08 242
7	7	7	7
8	8	8	8
9	9	9	9
10	10	10	10
11	11	11	11
12	12	12	12
13	13	13	13
14	14	14	14
15	15	15	15
16	16	16	16
17	17	17	17
18	18	18	18
19	19	19	19
20	20	20	20
21	21	21	21

Pour mémoire :

mercredi prochain

Bridge ~~chez~~ Valéry

– Belote chez François –

Septembre

30	31	1	NOTES
08 — 243	08 — 244	09 — 245	
7	7	7	
8	8	8	
9	9	9	
10	10	10	
11	11	11	
12	12	12	
13	13	13	
14	14	14	
15	15	15	
16	16	16	
17	17	17	
18	18	18	
19	19	19	
20	20	20	
21	21	21	

Note aux nurses

David et Jennifer
ne doivent pas faire
de tricycle tant que
que Lloyd n'a pas
envoyé l'attestation
d'assurance –

TÉLÉPHONER

ÉCRIRE

VOIR

FAIRE

Septembre

2 09 246	3 09 247	4 09 248	5 09 249
7	7	7	7
8	8	8	8
9	9	9	9
10	10	10	10
11	11	11	11
12	12	12	12
13	13	13	13
14	14	14	14
15	15	15	15
16	16	16	16
17	17	17	17
18	18	18	18
19	19	19	19
20	20	20	20
21	21	21	21

Rentrée scolaire !

Penser à acheter une école pour les enfants

Penser aussi à faire réparer l'ascenseur de leur maison de poupée.

6 09 250	7 09 251	8 09 252	NOTES
7	7	7	
8	8	8	
9	9	9	
10	10	10	
11	11	11	
12	12	12	
13	13	13	
14	14	14	
15	15	15	
16	16	16	
17	17	17	
18	18	18	
19	19	19	
20	20	20	
21	21	21	

Trouver une jeune fille au pair pour garder les chats siamois – – non elle n'a pas besoin d'être thaïlandaise c'est pour les garder pas pour leur parler !

			TÉLÉPHONER
			ÉCRIRE
			VOIR
			FAIRE

Septembre

9	10	11	12
09 253	09 254	09 255	09 256
7	7	7	7
8	8	8	8
9	9	9	9
10	10	10	10
11	11	11	11
12	12	12	12
13	13	13	13
14	14	14	14
15	15	15	15
16	16	16	16
17	17	17	17
18	18	18	18
19	19	19	19
20	20	20	20
21	21	21	21

Séguela ne veut pas du slogan génial que j'avais imaginé pour Panzani

" Des pâtes, des pâtes, oui mais très très riches "

Dommage !

13	14	15	
09 257	09 258	09 259	NOTES

Dépenses de mercredi :

2 entrées | Flushing meadows 16,50 $

2 cocas - - - 4,50 $

2 allers-retours N. York - - 3200 $

3.221,00 $

TÉLÉPHONER

ÉCRIRE

VOIR

FAIRE

Septembre

16	17	18	19
09 260	09 261	09 262	09 263
7	7	7	7
8	8	8	8
9	9	9	9
10	10	10	10
11	11	11	11
12	12	12	12
13	13	13	13
14	14	14	14
15	15	15	15
16	16	16	16
17	17	17	17
18	18	18	18
19	19	19	19
20	20	20	20
21	21	21	21

Faire dire au boulanger
du yacht qu'il doit
travailler le <u>lundi</u> comme
les autres jours.

Mais quel Mitterrand
a téléphoné ?
Fred ou François ?

20 09 264	21 09 265	22 09 266	NOTES
7	7	7	
8	8	8	
9	9	9	
10	10	10	
11	11	11	
12	12	12	
13	13	13	
14	14	14	
15	15	15	
16	16	16	
17	17	17	
18	18	18	
19	19	19	
20	20	20	
21	21	21	

Note à la direction financière

Attention aux nouvelles acquisitions ; on a encore racheté cette semaine deux sociétés qui nous appartenaient déjà !

TÉLÉPHONER

ÉCRIRE

VOIR

FAIRE

Septembre

23	24	25	26
09 267	09 268	09 269	09 270

Je suis d'accord pour
racheter le stock TRABANT
de l'ex-RDA et les transformer
en voitures à pédales
pour les enfants,
mais comment se
débarrasser des 6 millions
de moteurs ?

27	28	29	
09 271	09 272	09 273	NOTES
7	7	7	
8	8	8	
9	9	9	
10	10	10	
11	11	11	
12	12	12	
13	13	13	
14	14	14	
15	15	15	
16	16	16	
17	17	17	
18	18	18	
19	19	19	
20	20	20	
21	21	21	

O.K. breakfast
at Tiffany's
Jeudi, mais s'assurer
qu'avec Concorde je peux
être à l'heure pour
le thé à Buckingham

			TÉLÉPHONER
			ÉCRIRE
			VOIR
			FAIRE

Septembre	Octobre		
30	1	2	3
09 274	10 275	10 276	10 277
7	7	7	7
8	8	8	8
9	9	9	9
10	10	10	10
11	11	11	11
12	12	12	12
13	13	13	13
14	14	14	14
15	15	15	15
16	16	16	16
17	17	17	17
18	18	18	18
19	19	19	19
20	20	20	20
21	21	21	21

Faire dire
aux convoyeurs de fonds de faire
désormais leurs livraisons par la
porte de service.

Penser à aménager
les soutes du yacht car
on ne peut plus jouer au
squash dans la buanderie

4 10 278	5 10 279	6 10 280	NOTES
7	7	7	
8	8	8	
9	9	9	
10	10	10	
11	11	11	
12	12	12	
13	13	13	
14	14	14	
15	15	15	
16	16	16	
17	17	17	
18	18	18	
19	19	19	
20	20	20	
21	21	21	

Si Pavarotti ne peut vraiment pas venir chanter à la kermesse des enfants, essayer au moins d'avoir Jean Paul II pour la messe.

TÉLÉPHONER

ÉCRIRE

VOIR

FAIRE

Octobre

7	8	9	10
10 281	10 282	10 283	10 284
7	7	7	7
8	8	8	8
9	9	9	9
10	10	10	10
11	11	11	11
12	12	12	12
13	13	13	13
14	14	14	14
15	15	15	15
16	16	16	16
17	17	17	17
18	18	18	18
19	19	19	19
20	20	20	20
21	21	21	21

Demander à Bocuse quelle sauce, il met dans sa salade de truffes...

Je veux bien acheter ces 10.000 bouteilles de vin grec de 780 av. JC mais voir avec le sommelier si c'est une bonne année.

11	12	13	
10 285	10 286	10 287	NOTES
7	7	7	
8	8	8	
9	9	9	
10	10	10	
11	11	11	
12	12	12	
13	13	13	
14	14	14	
15	15	15	
16	16	16	
17	17	17	
18	18	18	
19	19	19	
20	20	20	
21	21	21	

Acheter le Figaro en rentrant à la maison ; offrir 1.000.000.000 ?

			TÉLÉPHONER
			ÉCRIRE
			VOIR
			FAIRE

Octobre

14	15	16	17
10 288	10 289	10 290	10 291
7	7	7	7
8	8	8	8
9	9	9	9
10	10	10	10
11	11	11	11
12	12	12	12
13	13	13	13
14	14	14	14
15	15	15	15
16	16	16	16
17	17	17	17
18	18	18	18
19	19	19	19
20	20	20	20
21	21	21	21

Téléphoner à
ce monsieur Margaux
Son vin est bouchonné

Pour plage samedi :
- lunettes
- ambre solaire
- serviettes
- 2 AR Tahiti

18 10 292

19 10 293

20 10 294

NOTES

Note au Secrétariat

—

Je n'ai pas dit que je voulais du "papier buvard" mais un papier de Bouvard !

Préparer ma conférence pour la journée mondiale des femmes : « La femme au foyer fiscal. Mythe ou réalité ? »

TÉLÉPHONER

ÉCRIRE

VOIR

FAIRE

Octobre

21	22	23	24
10 295	10 296	10 297	10 298

Insister auprès des secrétaires pour qu'elles n'oublient pas de bien préciser les prénoms sur les comptes rendus d'appels téléphoniques surtout lorsque le nom de famille est ROTHSCHILD

25	26	27	NOTES
10 299	10 300	10 301	
7	7	7	
8	8	8	
9	9	9	
10	10	10	
11	11	11	
12	12	12	
13	13	13	
14	14	14	
15	15	15	
16	16	16	
17	17	17	
18	18	18	
19	19	19	
20	20	20	
21	21	21	

mais pourquoi
Sabine refuse-t-il de
prendre mes
Ferrari 4x4
pour Paris-Dakar ?

			TÉLÉPHONER
			ÉCRIRE
			VOIR
			FAIRE

Octobre

28	29	30	31
10 302	10 303	10 304	10 305
7	7	7	7
8	8	8	8
9	9	9	9
10	10	10	10
11	11	11	11
12	12	12	12
13	13	13	13
14	14	14	14
15	15	15	15
16	16	16	16
17	17	17	17
18	18	18	18
19	19	19	19
20	20	20	20
21	21	21	21

Passer
Place Vendôme choisir
une bricole pour Diana, avant
week-end à Balmoral

Faxer Rockefeller :
Dans ces conditions,
c'est non

Novembre

1	2	3	NOTES
11 306	11 307	11 308	
7	7	7	
8	8	8	
9	9	9	
10	10	10	
11	11	11	
12	12	12	
13	13	13	
14	14	14	
15	15	15	
16	16	16	
17	17	17	
18	18	18	
19	19	19	
20	20	20	
21	21	21	

Plus d'animaux familiers pour les enfants

Leur supprimer les girafes, les dromadaires et les hippopotames ; on leur rendra quand ils auront de meilleures notes –

TÉLÉPHONER

ÉCRIRE

VOIR

FAIRE

Novembre

4 11 309	**5** 11 310	**6** 11 311	**7** 11 312
7	7	7	7
8	8	8	8
9	9	9	9
10	10	10	10
11	11	11	11
12	12	12	12
13	13	13	13
14	14	14	14
15	15	15	15
16	16	16	16
17	17	17	17
18	18	18	18
19	19	19	19
20	20	20	20
21	21	21	21

Mais qui a ordonné des
séances de kiné et de
rééducation pour le hamster
de David, tombé de la table
de ping-pong ?
C'est ridicule

8 11 313	9 11 314	10 11 315	NOTES
7	7	7	
8	8	8	
9	9	9	
10	10	10	
11	11 Fermer Deauville	11	
12	12	12	
13	13 Cannes	13	
14	14	14	
15	15	15	
16	16	16	
17	17 ST Barth	17	
18 Ouvrir	18	18	
19	19 Gstaad	19	
20	20	20	
21	21	21	

			TÉLÉPHONER
			ÉCRIRE
			VOIR
			FAIRE

Novembre

11	12	13	14
11 316	11 317	11 318	11 319
7	7	7	7
8	8	8	8
9	9	9	9
10	10	10	10
11	11	11	11
12	12	12	12
13	13	13	13
14	14	14	14
15	15	15	15
16	16	16	16
17	17	17	17
18	18	18	18
19	19	19	19
20	20	20	20
21	21	21	21

Noël approche
et Christo n'a toujours
pas fait livrer
les papiers d'emballage —

Plus de rafting dans
les baignoires —

15	16	17	NOTES
11 320	11 321	11 322	

<u>note aux cuisines</u>

Il faut aider les pays de l'est Je veux que les yaourts soient achetés en Bulgarie

Demander aussi aux bonnes d'acheter leurs tabliers chez Manoukian pour aider l'Arménie

TÉLÉPHONER

ÉCRIRE

VOIR

FAIRE

Novembre

18	19	20	21
11 323	11 324	11 325	11 326
7	7	7	7
8	8	8	8
9	9	9	9
10	10	10	10
11	11	11	11
12	12	12	12
13	13	13	13
14	14	14	14
15	15	15	15
16	16	16	16
17	17	17	17
18	18	18	18
19	19	19	19
20	20	20	20
21	21	21	21

Les enfants devraient perdre l'habitude de gribouiller sur les dessins de Picasso

Ils ne doivent pas non plus exiger un Stradivarius pour leurs leçons de musique.

C'est ridicule

22 11 327	23 11 328	24 11 329	NOTES
7	7	7	
8	8	8	
9	9	9	
10	10	10	
11	11	11	
12	12	12	
13	13	13	
14	14	14	
15	15	15	
16	16	16	
17	17	17	
18	18	18	
19	19	19	
20	20	20	
21	21	21	

* Emmener les cockers à l'hopital américain pour check-up annuel –

* O.K. pour classe de neige à Squaw Valley

			TÉLÉPHONER
			ÉCRIRE
			VOIR
			FAIRE

Novembre

25	26	27	28
11 330	11 331	11 332	11 333
7	7	7	7
8	8	8	8
9	9	9	9
10	10	10	10
11	11	11	11
12	12	12	12
13	13	13	13
14	14	14	14
15	15	15	15
16	16	16	16
17	17	17	17
18	18	18	18
19	19	19	19
20	20	20	20
21	21	21	21

Se décider avant
vendredi pour le
pique-nique de fin d'anné
de la société : Disneyland ou
la Muraille de Chine ?

Décembre

29	30	1	NOTES
11 — 334	11 — 335	12 — 336	
7	7	7	
8	8	8	
9	9	9	
10	10	10	
11	11	11	
12	12	12	
13	13	13	
14	14	14	
15	15	15	
16	16	16	
17	17	17	
18	18	18	
19	19	19	
20	20	20	
21	21	21	

- Arranger fusion filiales acier et pétrole;
- Donner bon à tirer ouvrage "Économie planétaire"
- Faire valider tickets de loto avant mardi soir

TÉLÉPHONER

ÉCRIRE

VOIR

FAIRE

Décembre

2	3	4	5
12 337	12 338	12 339	12 340
7	7	7	7
8	8	8	8
9	9	9	9
10	10	10	10
11	11	11	11
12	12	12	12
13	13	13	13
14	14	14	14
15	15	15	15
16	16	16	16
17	17	17	17
18	18	18	18
19	19	19	19
20	20	20	20
21	21	21	21

Trouver un autre allumeur de cigare ; l'actuel est très vulgaire et instable.

Passer chez Hermès et profiter des soldes pour racheter selles et harnais pour les chevaux (Prendre aussi des foulards pour le Noël des bonnes)

6 12 341	7 12 342	8 12 343	NOTES
7	7	7	
8	8	8	
9	9	9	
10	10	10	
11	11	11	
12	12	12	
13	13	13	
14	14	14	
15	15	15	
16	16	16	
17	17	17	
18	18	18	
19	19	19	
20	20	20	
	21	21	

Non les enfants n'iront pas "faire la bombe" à Mururoa pour le réveillon – Je trouve cela déplacé et de très mauvais goût

			TÉLÉPHONER
			ÉCRIRE
			VOIR
			FAIRE

Décembre

9	10	11	12
12 344	12 345	12 346	12 347
7	7	7	7
8	8	8	8
9	9	9	9
10	10	10	10
11	11	11	11
12	12	12	12
13	13	13	13
14	14	14	14
15	15	15	15
16	16	16	16
17	17	17	17
18	18	18	18
19	19	19	19
20	20	20	20
21	21	21	21

Si les gosses veulent
vraiment des animaux
empaillés, pensez à leur
organiser un safari

Pour l'arbre de Noël
essayez d'avoir
le cirque de Moscou

13	14	15	NOTES
12 348	12 349	12 350	

Cette idée de soirée Yacht-People est très amusante ; mais je ne comprends pas le refus de Kouchner qu'on dit pourtant un tiers-mondiste et deux-tiers mondain ....

(À moins que ce ne soit le contraire ..)

TÉLÉPHONER

ÉCRIRE

VOIR

FAIRE

Décembre

16	17	18	19
12 351	12 352	12 353	12 354
7	7	7	7
8	8	8	8
9	9	9	9
10	10	10	10
11	11	11	11
12	12	12	12
13	13	13	13
14	14	14	14
15	15	15	15
16	16	16	16
17	17	17	17
18	18	18	18
19	19	19	19
20	20	20	20
21	21	21	21

Faire changer la moquette des écuries et les papiers peints des granges à foin

+

Profiter de la semaine de blanc pour acheter les Galeries Lafayette.

20 12 355	21 12 356	22 12 357	NOTES
7	7	7	
8	8	8	
9	9	9	
10	10	10	
11	11	11	
12	12	12	
13	13	13	
14	14	14	
15	15	15	
16	16	16	
17	17	17	
18	18	18	
19	19	19	
20	20	20	
21	21	21	

Contacter Starck pour la cabane des enfants et Pei pour la serre des jardiniers -

			TÉLÉPHONER
			ÉCRIRE
			VOIR
			FAIRE

Décembre

23	24	25	26
12 358	12 359	12 360	12 361

J'en ai vraiment
assez de la thalasso -
voir s'il n'existe pas
de "champagnothérapie"

+

Si les hommes veulent
vraiment changer de lait,
voir si Nestlé ne serait
pas à vendre -

27	28	29	NOTES
12 — 362	12 — 363	12 — 364	

Dire au maître
d'hôtel de trouver un
arrangement avec Lenôtre
la prochaine fois que le
cuisinier est souffrant
et qu'il ne peut pas
préparer le petit déjeuner

7 8 9 10 11 12 13 14 15 16 17 18 19 20 21

TÉLÉPHONER

ÉCRIRE

VOIR

FAIRE

Décembre		Janvier	
30	**31**	**1**	**2**
12 365	12 366	01 01	01 02
7	7	7	7
8	8	8	8
9	9	9	9
10	10	10	10
11	11	11	11
12	12	12	12
13	13	13	13
14	14	14	14
15	15	15	15
16	16	16	16
17	17	17	17
18	18	18	18
19	19	19	19
20	20	20	20
21	21	21	21

Téléphoner au directeur du collège : le caviar de la cantine est-il oui ou non du caviar d'aubergine comme le prétendent les enfants ?

3 01 03	4 01 04	5 01 05	NOTES
7	7	7	
8	8	8	
9	9	9	
10	10	10	
11	11	11	
12	12	12	
13	13	13	
14	14	14	
15	15	15	
16	16	16	
17	17	17	
18	18	18	
19	19	19	
20	20	20	
21	21	21	

Iris : 300 millions

Tournesols : 220 millions !

Je ne veux plus que l'on

achète les fleurs chez Sotheby's

Faire comme tout le monde

et utiliser

Interflora

			TÉLÉPHONER
			ÉCRIRE
			VOIR
			FAIRE

NOTES

OTES

Dépôt légal : octobre 1990
N° d'édition : 185 — N° d'impression :
ISBN 2-86274-185-X
Réalisation Partenaires
Imprimé en France
Jean Lamour